AF509113

OBSERVATIONS

SUR

LES ÉLECTIONS

DES ARRONDISSEMENTS

De NANTUA et de GEX.

OBSERVATIONS

SUR

ÉLECTIONS

DES ARRONDISSEMENTS

De NANTUA et de GEX.

—— ◆ ——

La Charte sera désormais une vérité !!

Cette promesse solennelle qui a réconcilié le peuple
avec la royauté, et qui devrait être toujours présente
à la pensée des hauts fonctionnaires du gouvernement,
est malheureusement loin d'être aussi chère aux agents
du pouvoir qu'à la masse des Français. Chose étrange,
ce pacte fondamental qui fait notre sécurité et sert
de palladium au trône constitutionnel, n'est jama's
lu par des yeux ministériels comme par les nôtres !
Mais comme le peuple a les organes meilleurs que ceux
qui dorment sous les lambris dorés, nous posons en
principe que c'est nous qui avons le sens le plus droit,
le coup-d'œil le plus sûr. La soif du pouvoir, le désir
des richesses, le besoin de distinctions et de titres,
n'altèrent pas nos facultés morales; nous sommes donc,
je le répète, les meilleurs juges des choses, des événe-
mens, des hommes. Celui qui, placé haut, veut encore
monter, voit tout à travers les préoccupations conti-
nuelles de son ambition, c'est ainsi que sa foi politique
ressort de son intérêt particulier, que la chance pro-
bable de sa faveur détermine ses convictions. Son cœur
bat pour l'homme puissant qui peut le protéger ; les

Tuileries sont ses amours; le roi, son idole! La Patrie.. n'est qu'une loterie dont les gros lots appartiennent aux plus souples, aux plus habiles, aux plus hardis, aux plus éhontés! Un grand écrivain a donné le portrait du courtisan, de l'ambitieux; le voici:

L'ambition dans l'oisiveté, la bassesse dans l'orgueil, le désir de s'enrichir sans travail, l'aversion pour la vérité, la flatterie, la trahison, la perfidie, l'abandon de tous ses engagements, le mépris des devoirs du citoyen, la crainte de la vertu du prince, l'espérance de ses faiblesses, et plus que tout cela, le ridicule perpétuel jeté sur la vertu : tel est le caractère de ce qu'on appelle un courtisan.

Livrez nos libertés aux ambitieux et aux courtisants, ils en auront bientôt trafiqué contre des places et des cordons. Tout le monde reconnaît l'exactitude de cette assertion, et cependant, par une coupable insouciance, et souvent, par une complaisance non moins blâmable, on cède aux sollicitations d'importuns, aux exigences de l'amitié, aux manœuvres plus ou moins habiles du pouvoir, lorsqu'on ne devrait obéir qu'au vœu de sa conscience.

Ce qui nous manque en France, c'est une fixité de principes qui laisse en dehors de toutes les considérations diverses, une foi politique inébranlable. Les notabilités de la Chambre des Députés, unies à nos représentants indépendants, viennent de flétrir le système politique de Molé, et de signaler au mépris public son administration corruptrice et rétrograde. Hé bien, la partie saine de la nation, comprenant la gravité des maux signalés, et la nécessité d'y apporter un prompt remède, a, il est vrai, foulant aux pieds les séductions, les menaces, les promesses, les offres, protesté par son vote contre les ennemis de la France ; mais ce qui prouve combien les erremens vicieux jettent vite de profondes racines, c'est que tous les électeurs sont loin d'avoir compris leurs devoirs. Je sais bien que les élections abandonnées à leurs voies naturelles et légales eussent été unanimes pour repousser les hommes dangereux qui exploitent la France , ou la livrent à un parti ennemi ; mais on a droit de demander aux électeurs , après vingt-quatre ans de régime constitutionnel , et les nombreuses luttes auxquelles ils ont assisté ou pris part , une plus juste appréciation des besoins de la Patrie. Lorsqu'un ministère qui devait rentrer dans la poussière , à la voix des éloquents défenseurs de l'honneur national , a osé faire un appel à la France pour qu'elle eût à se prononcer entre la reconstruction de l'ancien régime et la Charte de 1830 ; entre des citoyens à qui le pays est cher , et des hommes qui sont à la remorque de la *Ste-Alliance*, on a droit d'attendre , nous le répétons , une manifestation éclatante des vœux , de la volonté des Français , et l'on est douloureusement affecté en se voyant forcé de distribuer le blâme d'une part , tandis que de l'autre on n'a pas assez d'éloges à donner aux électeurs indépendants , à ceux qui placent le bonheur et la gloire de la Patrie avant toutes les considérations du monde , n'oubliez donc jamais , mes chers compatriotes , la redoutable épreuve que nous venons de subir , qu'elle reste profondément gravée dans notre souvenir : il n'en a pas existé peut-être de plus dangereuse , et par les projets qu'elle cachait et par la perfidie des agents qu'on a employés , comme aussi par l'habileté diabolique des moyens mis en œuvre. Électeurs de l'Ain , la Patrie a été sauvée d'un grand péril , et vous avez la douleur de n'avoir pas fourni un défenseur à nos libertés !! Que dis-je?.....

Vous avez une bien grande revanche à prendre , électeurs , et vous avez à vous laver d'un grave reproche : la rouerie et l'audace qui vous ont fascinés , ne sont pas une excuse. C'est un vote expressif qui, au jour favorable, vous fera remonter au rang que vous aviez su prendre en 1830. Jurez, dès aujourd'hui, de vous venger au profit de la France, l'avenir est à vous : honte et dépit à ceux qui vous ont indignement trompé.

Puisque, grâce au ciel, les 213 reparaissent triomphants, le front ceint de la couronne civique et le langage encore fortifié par un mandat nouveau, examinons maintenant l'attitude de la France vis-à-vis de l'Europe, et puis nous abaisserons nos regards sur l'administration intérieure de notre pays : une investigation sérieuse des hommes et des choses faites avec calme et conscience, nous permettra d'asseoir un jugement sûr et définitif, sur l'état de la question soumise à la Nation, et notre erreur reconnue, nous n'en conserverons que plus de mépris pour les traîtres qui nous ont abusé.

Un gouvernement constitutionnel tend par des efforts héroïques à surgir en Espagne, malgré l'ignorance du peuple encore livré aux moines, et malgré les secours d'hommes et d'argent que la *Ste-Alliance* prodigue, pour essayer d'enchaîner cette portion de l'Europe. Un prétendant absolutiste, un ennemi des droits du peuple, un ennemi naturel de nos institutions, est l'instrument que les rois absolus ont mis en action contre les patriotes Espagnols. Carlos, car il faut bien le nommer, les mains pleines d'or, aidé par les moines, l'ignorance et la superstition, a soulevé en sa faveur une partie de la Navarre; plein de confiance en notre inertie (pour employer l'expression douce à la place de celle qui convient), il s'est adressé à la France et se trouve dans cette position, dix fois plus fort qu'il ne le serait sur tout autre point de la Péninsule. L'intérêt de la France, la foi jurée, la conséquence de l'alliance offensive et défensive contractée avec le gouvernement de Christine, exigeaient une coopération qui eut été facile et d'un effet décisif. M. Thiers voulait donc, non une invasion générale à la façon des guerres précédentes, la chose était complétement inutile, car toutes les places fortes importantes étaient et sont encore aux mains des patriotes Espagnols; mais ce ministre éclairé et homme d'état voulait en chassant Carlos de la Navarre, le réduire à l'état de roi fugitif, d'aventurier des montagnes.

Trente mille hommes et trois mois au plus suffisaient pour accomplir la délivrance de la province dont nous parlons, et priver Carlos de la position avantageuse que notre neutralité lui a créée, et rendre à la reine d'Espagne toute la prééminence dont elle a besoin pour pacifier les provinces non soumises; ce secours nous donnerait une alliée unie à nous par les mêmes principes politiques et par la reconnaissance. En temps de guerre nous pourrions disposer de 80,000 hommes de plus pour les porter sur le Rhin. Nos ennemis l'ont emporté dans le conseil du roi, ils veulent Carlos à Madrid, et pour cela, ils ont dû forcer M. Thiers à se retirer, en lui refusant la faculté d'exécuter son projet doublement patriotique. Carlos à Madrid, car il y arrivera, si nous n'intervenons pas; un ambassadeur d'Henri V sera reconnu le lendemain par le roi de la Ste-*Alliance*; le nom même de ce représentant est déjà connu : ce sera M. de Saint-Priest. Croyez-vous que nous aurons beaucoup gagné à nos complaisances et à notre soumission? Croyez-vous que, si nous avons la guerre sur le Rhin, nous pourrons nous dispenser d'un *cordon sanitaire* sur les Pyrénées! Carlos, occupant Madrid. Hé bien, voilà un point jugé. Comprenez-vous à présent, électeurs de l'Ain, ce que veulent les 221 et ce que ne veulent pas les 213 ?

La Belgique défendue avec indépendance et énergie par nous, pendant la longue résistance de Guillaume, eut, à coup sûr, obtenu l'intégrité de son territoire : le bon sens, le bon droit voulaient, puisqu'on reconnaissait la nationalité de ce petit royaume, qu'il existât en réalité et non fictivement. Le Limbourg et le Luxembourg faisant partie d'un état dont la population a fait ses preuves de courage; un peuple compact et énergique nous servait de frontière, sur un point d'une grande importance, cet allié équivalait pour nous à soixante mille hommes. Après six ans de refus obstinés, après des actes d'hostilités qui ont rompu tout traité, Guillaume, de par la Ste-*Alliance*, accepte brusquement aujourd'hui le traité qu'il a foulé aux pieds.

La Belgique indignée se lève en masse, prête à faire respecter ses droits méconnus, son honneur outragé; mais la France muette et indifférente, accepte, en 24 heures, ces conditions refusées pendant des années, par un souverain qui est notre ennemi! Bien plus, le ministère Molé fait connaître à la malheureuse Belgique que l'Europe va la contraindre à se soumettre au traité qu'elle croit déchiré et que la France est unie, pour cet acte généreux, à la Ste-*Alliance!!* Vous frémissez de colère, mes chers compatriotes, le rouge vous monte au visage, que voulez vous? M. de Metternich ne veut pas que nous ayons une frontière protégée par un allié capable de faire respecter sa neutralité. Vous comprenez bien, électeurs de l'Ain.

La Suisse, notre sincère et ancienne amie, continuait beaucoup plus par habitude, que par affection; car dans ce pays nous sommes jugés depuis long-temps, c'est-à-dire peu estimés; la Suisse, disons nous, conservait pour nous de bons rapports, elle attendait avec patience que le temps et la réflexion vinssent provoquer de notre part une liaison plus étroite, plus en harmonie avec le voisinage et des intérêts communs. Mais la Suisse ne savait pas qu'une République, qu'un pays ami du progrès, doit être, de par M. de Metternich, un ennemi du gouvernement de juillet, et qu'un trône élevé par le peuple doit être le courtisan des vieux rois du droit divin , s'il veut être conséquent avec son origine. Le bon sens de la Suisse ne comprenait rien aux singuliers principes et à la diplomatie de M. Molé, et comme ce ministre est fécond en radotages et en bévues , nos voisins se contentaient de dire: encore des niaiseries ! Encore des turpitudes ! Mais lorsqu'un beau jour, M. de Montebello vint dire à l'oreille et en confidence aux représentants des descendants de Guillaume Tell : vos cantons s'organisent démocratiquement, il n'y a pas un pouce de terrain dans toute l'Helvétie pour loger le plus petit roitelet, cela n'est pas bien , vous devez prodigieusement souffrir de l'absence du bonheur que nous vous souhaitons , et, si vous le vouliez, à l'aide d'un prétexte habilement choisi en exploitant par exemple le séjour de Napoléon parmi vous, nous pourrions entrer dans votre pays , et puis, comme par hasard, nous vous façonnerions à la manière de M. de Metternich ! Nous vous rendrions dignes de la faveur des rois ; il ne serait pas impossible même que quelques cantons ne fussent assez privilégiés pour être jugés dignes d'être incorporés à une royauté ! La Savoie est un pays bien heureux, et son souverain un prince bien magnanime !

A ce discours écouté en bâillant, les Suisses jugèrent M. de Montebello en goguette, et ne pensèrent plus à tout ce qu'il leur avait débité. Or , M. Molé qui, comme Sancho, a foi aux proverbes, ne manqua pas de conclure avec ses familiers , que ne rien dire c'est consentir. En conséquence , une note fut lancée et vingt mille hommes marchèrent pour la glorieuse croisade projetée. Les journaux ministériels commencèrent par ordre, le débit de leurs mensonges, la série de leurs audacieuses turpitudes. La Suisse , éveillée en sursaut au bruit d'une entreprise plus ridicule que le mot ne peut l'exprimer , fit un appel à quelques-uns de ses braves, et chargea la presse helvétique de dénoncer à l'Europe l'espèce de métier que M. Molé prétendait faire faire aux Français. Au premier avis que la Suisse dévoilait ses projets liberticides, Molé frappé de stupeur, abjurant toute dignité, rappela nos troupes avec une telle précipitation que l'artillerie n'eut pas le temps de faire sa campagne de Gex, et reçut en route son contre-ordre. Enfin la déroute Molé fut si complète, que si Napoléon eût voulu habiter Genève, il le pouvait, si tel eut été son bon plaisir. Que dis-je? il aurait pu venir habiter Gex, et dicter la loi au ministère de la *Peur!* Hé bien, électeurs, c'est ce Molé pris en flagrant délit, voulant nous créer les gendarmes de la *Ste-Alliance*, qui vient dans les élections de vous faire agréer ses candidats! Comprenez-vous à présent son système? Comprenez-vous ses desseins? Comprenez-vous le danger auquel la France a échappé? Comprenez-vous la faute énorme que vous avez faite?

Maîtres d'Ancône, nous pouvions, en cas de guerre, avec l'Autriche, porter cent mille hommes en Italie, et frapper un coup terrible sur un ennemi puissant. Cette position tenue par quelques milliers d'hommes, protégée par nôtre marine, était pour nous de la dernière importance. Un arrangement avec le pape, pour lequel nous faisons trop, pour qu'il ne se croit pas tenue à quelque reconnaissance, pouvait prolonger indéfiniment notre séjour sur ce point si bon à conserver.

Ancône est évacué, sans qu'on l'ait seulement demandé! Cependant, cet acte de courtisanerie est plus fatal que la perte d'une grande bataille. Mais M. de Metternich verse des larmes d'attendrissement en prononçant le nom de M. Molé. Vous comprenez, électeurs de l'Ain, combien est précieuse la reconnaissance du premier ministre de sa majesté autri-

chienne, roi d'une partie de l'Italie.... Soutenez donc
bien le ministère Molé!

En résumé, l'Angleterre, dégoûtée d'une alliance
aux ordres de M. de Metternich, s'est éloignée de nous.
L'Espagne nous regarde comme un peuple dégénéré.
La Belgique nous hait et nous méprise. L'Italie ne
nous compte plus parmi les nations, et croit notre
existence politique terminée avec le règne de Napoléon. La Pologne voue des ingrats à de trop justes
malédictions. La S^te - Alliance seule nous couvre de
ses baisers, et nous tâte en même temps avec soin
pour apprécier convenablement l'état de notre ma-
rasme, ayant le projet, lorsqu'il sera complet, de
nous faire une petite *ordonnance pour rétablir notre
constitution!* Vous comprenez, électeurs!

A l'intérieur, notre prospérité ne laisse rien à dési-
rer. Nous payons un milliard et soixante millons d'im-
pôts!! Le nombre des faillites va croissant. Tous les
travaux des chemins de fer sont suspendus. L'agricul-
teur n'a pas un écu.

C'est, sans doute, pour la continuité de tous ces
bienfaits, que vous avez, mes chers compatriotes, en-
voyé les mêmes hommes au ministère Molé. J'ai
beaucoup admiré votre docilité, et surtout, j'ai été
bien édifié du moyen délicat et français qu'on a em-
ployé pour dicter vos votes. C'est au nom de la *Peur*
qu'on vous a déterminé! Oui, j'ai entendu répéter
à satiété: M. Josserand, ou gare les Autrichiens! M.
d'Angeville, ou gare les Russes! M. Bernard, ou
gare les Prussiens! M. Périer, ou gare les Bavarois!
M. Girod, ou gare les Cosaques! Gare les Pandours.
Oui, mes chers compatriotes, j'ai entendu pendant
un mois, régulièrement, et pendant huit jours, avec
une récrudescence effroyable, répéter des menaces
de guerre! et vous avez voté, pour éviter les Cosaques, les Pandours, les Bavarois, le prince de Mo-

déne, etc. Je ne sais lequel m'étonne le plus, ou de l'impudence de vos épouvantails, ou de l'inconcevable moment de faiblesse que vous avez montré. Des Français ont eu peur! C'est la première fois! O Joubert, que dirais tu?

Après la Peur, ce mot que je n'aurais jamais cru devoir placer au milieu de nos débats, et qui doit retourner à sa source, au ministère Molé, autrement dit, au *Ministère de la Peur*, nous avons eu encore la douleur de voir un citoyen mettre sa haine à la place de ses devoirs; oui un homme a été assez mal conseillé par ses passions, pour sacrifier l'intérêt de son pays à son ressentiment; à une querelle sans importance. Vous que je ne nomme pas, à cause de vos cheveux blancs, écoutez-moi? vous avez fait l'acte d'un mauvais citoyen. Quand la Patrie parle, tous les intérêts privés doivent se taire. Une seule passion, celle du bien public, a droit de commander à nos actions; voulez-vous savoir comment un homme qui, par l'élévation de son caractère, son noble désintéressement, son dévouement sans borne, rappelle ces grands citoyens des beaux jours de la république romaine, a compris ses devoirs, dans la circonstance où vous avez failli? il s'est enquis seulement de la place que M. Simonne t occuperait à la Chambre des Députés, et satisfait de la réponse qui lui a été faite, il ne s'est pas souvenu qu'un grave débat avait existé jadis entre lui et le candidat qu'on lui présentait: il n'a pensé qu'au besoin du pays. Mais M. de Mornay est un grand citoyen.

Nous avons aussi recueilli de différentes personnes des réflexions qui sont d'une fort grande gravité, et nous les rapportons pour que les hommes honorables qu'elles concernent puissent les peser mûrement et les apprécier. On disait, on répétait: Nos magistrats sont à la tête des électeurs ministériels; ils se prononcent ouvertement pour le candidat Molé; la chance

n'est plus douteuse. Jamais un habitant des campagnes ne votera contrairement au vœu manifesté par
ceux qui sont appelés à juger ses procès ! Cette obser-
vation est rigoureusement vraie. Jamais, en effet, les
électeurs de la campagne et beaucoup de la ville, ne
conserveront la moindre indépendance en présence
de *Monsieur le président, de Monsieur le juge*. Ils ne
sauraient comprendre, que des élections dont le bu-
reau présente deux juges, ne sont pas dirigées, ordon-
nées, faites par ces deux magistrats ; ils se feront un
mérite, un devoir, un *bon antécédent* de voter comme
messieurs les juges. Les élections et leurs procès pré-
sents ou prévus, deviennent pour eux deux choses con-
nexes; ils mettront de la meilleure foi du monde leur vote comme une valeur dans le compte de leurs affaires
contentieuses. C'est, dira-t-on avec raison, de l'ignorance ; c'est faire injure aux hommes les plus respec-
tables de la société Oui, sans doute, je me hâte de
répéter bien haut cette réponse qui vient à la bouche
de tout homme éclairé ; mais il s'agit de gens igno-
rants, et les observations faites subsistent. Oui, M. le
président du tribunal de Nantua, M. le juge d'ins-
truction, M. Balleidier fils, juge au tribunal de Gex,
ont montré une complaisance au-dessous de leur position sociale, et faite pour enchaîner l'indépendance
de quelques électeurs, en consentant à servir de drapeau
à MM. Girod. La magistrature, appelée à juger les passions des hommes, doit planer au-dessus de la société
et ne pas se mêler à ses débats. Si les tribunaux de
première instance prétendent, comme cela est naturel, à la considération et au respect que les cours
royales ont su conquérir, il faut *qu'ils rendent des ar-
rêts et non pas des services*. M. Balleidier fils, juge au
tribunal de Gex, écrivant les bulletins de plus de
trente électeurs des campagnes de son arrondisse-
ment, était dans son droit, mais non à sa place. La

dignité du magistrat souffrait du rôle inconvenant de facteur d'élections.

Après vous avoir dit, mes chers compatriotes, la vérité toute entière, je dois faire remarquer que notre collége électoral est de tous ceux de l'Ain, celui qui aurait le plus de mérite à montrer de l'indépendance; car nous avons à lutter contre deux tribunaux, deux administrations des douanes, deux sous-préfets, en un mot, contre une double phalange d'employés du gouvernement.

Voilà une espéce d'excuse à vos actes de faiblesse; mais, certes, ni moi, ni mes amis n'accepterons jamais une pareille excuse. C'est au milieu des dangers qu'on doit faire un appel à son courage; c'est contre les difficultés qu'il faut s'armer de force et de constance.

Quelle position déplorable est la vôtre aujourd'hui. Partout les vœux de la Patrie ont été entendus; les 213 sont montés au chiffre de 255 : les 221, malgré les promesses, les menaces, les séductions, les dons perfides, toutes les manœuvres les plus machiavéliques, sont descendus à 202, et le département qui a fourni en 92, les patriotiques bataillons de l'Ain, qui réclame à bon droit une grande partie de la gloire que la fameuse 32me demi-brigade a su conquérir en Allemagne et en Egypte; le département de l'Ain, est aujourd'hui à la remorque de M. Molé-*la-Peur*, qui est à la remorque de la Ste-*Alliance*.

Facile improbi improbitale suā as| ergunt probos.

Nautua, 14 mars 1839.

MOYRI...